LA MIA GUIDA SULL'EVOLUZIONE

La mia guida sull'evoluzione

ALDIVAN TORRES

Canary Of Joy

Contents

1   1

1

La mia guida sull'evoluzione
Aldivan Torres
La mia guida sull'evoluzione

Autore: Aldivan Torres
© 2020-Aldivan Torres
Tutti i diritti riservati

Questo libro, incluse tutte le parti, è protetto da copyright e non può essere riprodotto senza il permesso dell'autore, rivenduto o trasferito.

Aldivan Torres, originario del Brasile, è uno scrittore consolidato in diversi generi. Ad oggi ha titoli pubblicati in dozzine di lingue. Fin dalla tenera età, è sempre stato un amante dell'arte della scrittura avendo consolidato una carriera professionale a partire dalla seconda metà del 2013. Spera con i suoi scritti di contribuire alla cultura internazionale, risentendo il piacere di leggere chi non ha ancora l'abitudine. La tua missione è conquistare il cuore di ciascuno dei tuoi lettori. Oltre alla letteratura, i suoi gusti principali sono la musica, i viaggi, gli amici, la famiglia e il piacere di vivere. «Per la letteratura, l'uguaglianza, la fraternità, la giustizia, la dignità e l'onore dell'essere umano sempre» è il suo motto.

I problemi della malattia
Il dono di prevedere il futuro

Lealtà
Il critico
La calunnia
Il consiglio
La notte buia dell'anima
La coerenza di Dio
Posto verso la vita
Come essere l'uomo di Dio.
Mettiti a casa dell'altro.
Il potere della preghiera
Come entrare nel Regno di Dio.
Tolleranza
Il ruolo dell'uomo
Il tesoro dell'uomo
Essere più umano
La tua miseria
Le basi di famiglia
L'incentivo
Grazie
Il lavoro di servire il pubblico.
Sii te stesso
Flirtare, uscire e matrimonio.
Prenderti cura di te stesso
La dignità
La vita spirituale
Il passato dell'uomo
Il tempo di Dio
Il vero servitore di Dio.
Professionisti sanitari
L'intrigo
La sgualdrina
L'evoluzione
L'amicizia
Soffrire per amore

Un atteggiamento della vita
I segni feriti
Essere un'eterna apprendista
Pubblicità
Pornografia e banalizzazione del sesso
Il valore di un essere umano.
Il ruolo sublime del padrone.
Grande nelle piccole cose
L'orgoglio
Lussuria
Avidità
Avarizia
Opinioni
Vanità
Che pigrizia
Invidia
Il gioco
Droga
Pontuale a casa
L'effetto serra e le sue cause.
Traffico di animali e piante.
Movimenti senza terra, senza cibo, senza senzatetto, ecc.
Capitalismo
Chirurgia plastica dovuta alla vanità
Aborto
Pedofilia
Zoofilia
Incesto
Prostituzione
Adulterio
Orientazioni sessuali
Ricerca scientifica con umani e animali.
L'uso di cellule staminali, l'uso d'inseminazione artificiale e di fertilizzazione in vitro.

Sanità pubblica attuale
Istruzione pubblica
Corruzione
Sicurezza
Sciopero
Vivi il presente
Il suicidio
Depressione
Traffico di droga
Traffico di persone
Avidità
La missione
Riconosci un peccatore
Le dimensioni spirituali
I disabili
Il valore della cultura
Non aver paura
Il padre e la madre come asce di famiglia.
Razionabilità e proporzionalità
Malgrado l'egoismo
In vittoria e fallimento
Sii vera luce

I problemi della malattia

La malattia fisica è vista da molti come punizione per i peccati, ma non deve essere vista in questo modo. È un processo naturale che indica che qualcosa non va nel nostro corpo. Come qualsiasi altro problema, deve essere trattato con i metodi di medicina e una volta guarito, continuare la tua vita quotidiana come normale.

In caso di malattie fatali, resta da occuparsi degli ultimi dettagli della nostra partenza per il regno eterno. Lì, mio padre accoglierà i fedeli e li metterà nel posto giusto. Si', la morte è una certezza e lasciamo che ci occupiamo al più presto possibile prima del nostro futuro spirituale facendo opere e beneficenza.

"La malattia deve essere considerata un periodo di apprendimento interno e non come una punizione".

Il dono di prevedere il futuro

Essere un indovino è un onore e una responsabilità per me, mio padre e il mondo. Questo intrigante regalo speciale permette di premonizioni e una certa visione del mio futuro e di quelli che amo. È come un avvertimento per la strada e devo seguire con fermezza. Rende le cose molto più facili.

Tuttavia, non è necessario essere chiaroveggente sapere esattamente cosa devo fare e quali risultati saranno ottenuti. Tutto in questa vita segue la regola del raccolto vegetale, cioè, se piantate il grano, raccogliete il grano e se piantate il chef, raccoglierete chef.

Scoprire il futuro un po' a poco e l'amore di Dio per noi è inestimabile. Con ogni sorpresa in arrivo, è come un balsamo per l'anima. Alla fine, rimane la certezza che siamo ciò che costruiamo e che tutto è scritto perché Dio nella sua infinita bontà comanda tutto. Buona fortuna per i vostri progetti, fratelli.

Lealtà

Questa è una virtù essenziale per il successo in tutti i settori e la felicità stessa. Abbiamo bisogno di uomini fedeli per il nostro regno, che hanno una fede convinta e che sono disposti a lottare per ciò che credono. Al contrario, infedeli e sciocchi soffriranno per le loro incessanti deviazioni ed errori.

La lealtà è un gioiello raro, oggigiorno, e chiunque abbia qualcuno del genere al loro fianco, è come guadagnare una grande fortuna, una ricchezza che non può essere comprata o pagata. Con la lealtà, rendono l'uomo più perfetto e degno dell'azione di Dio e delle sue rispettive forze di bene. Sia benedetto i fedeli, il loro valore è incalcolabile.

Il critico

Vi sono due categorie di critiche: critiche costruttive e critiche distruttive. Il primo analizza le sue debolezze e propone soluzioni per porre rimedio ai fallimenti. Quest'ultimo ha l'unica intenzione di giudicare indebolirlo e demotivarlo.

Cerca di non criticare e se lo farai, lo farai intenzionalmente ad aiutare il tuo collega e non fargli del male. Rispetta l'altro e il suo lavoro, perché nessuno possiede la verità in questo mondo.

La calunnia

Vivi la tua vita in un modo che non si preoccupa dell'opinione dell'altro, lavora e vive i tuoi momenti di tempo libero come se fosse solo. Se qualcuno ha intrigo e bugie su di te, ti viene alle orecchie, perdona e prega Dio per loro.

Non inchinarti la testa a causa degli altri e non arrenderti. Ricorda che sei figlio di Dio, che come tutti gli altri meritano felicità e successo. Non ti muovere! Seguite e riferite solo ad Allah sulle vostre azioni.

Il consiglio

Tutti noi, a un certo punto della vita, ci sentiamo in dubbio sulla nostra strada. In questi momenti, cerca qualcuno esperto e affidabile per sfogarsi e ascoltarlo. Spesso una buona conversazione chiarisce molti fatti e ci dà un indizio su dove andare.

Ricordate tuttavia che la decisione finale è nelle vostre mani e di farlo considerare tutte le possibilità. Quando deciderai, fallo in fretta prima di pentirtene. Solo il futuro indicherà se la scelta fosse giusta o sbagliata. A prescindere dall'opzione, ciò che resta è l'apprendimento che richiede una vita intera.

La notte buia dell'anima

La notte buia è un periodo in cui l'uomo cade nell'oscurità, dimenticando Dio e i suoi principi. Questo momento è il più critico per un essere umano perché affonda in una depressione intensa. Ora, ricorda che Dio è sempre con te. Sta preparando un terreno spazioso, chiaro e affilato, qualcosa di meglio di qualsiasi cosa abbia immaginato per la sua vita, come è un padre.

Dopo aver superato la notte oscura, concentrati sull'amore e gli obiettivi di tuo padre e gradualmente tutto sta accadendo. Non dimenticare mai quello che è successo o dove sei andato via, affinché l'oscurità non ti tormentasse di nuovo. Ripeti con me: "Anche se cammino nella valle dell'ombra della morte, non temerò alcun male perché siete con me". Gloria al padre!

Se Dio è per noi, chi può essere contro di noi?

Non scoraggiatevi dalle difficoltà, non vi interessano gli ostacoli, anche se sono grandi. Affronta i tuoi problemi e mostra loro quanto è grande il tuo Dio. Perché se è in nostro favore, chi può essere contro di lui? Inoltre, chi è come Dio?

Dio, mio padre, continua a ogni essere umano una sorpresa e un talento extra, a seconda del suo comportamento e del bisogno. Tutto è scritto, fratelli! Quindi continuate a lavorare ai vostri progetti con fermezza che la vittoria è garantita a suo nome. E sia!

La coerenza di Dio

Dio è così grande che è difficile definirlo con parole umane. Il nostro Dio onnipotente e onnipotente non è un essere unico come molti pensa, ma una legione di forze soprannaturali per sempre.

Queste forze vedono tutto quello che esiste e coordinano fermamente il funzionamento dell'universo. Tra le sue virtù principali vi sono giustizia, saggezza, gentilezza, generosità, comprensione, tolleranza, pace, potere, pietà, fedeltà, lealtà e infinito amore per gli esseri creati.

Sono uno di loro, e sono la parte chiave dell'equipaggiamento dell'universo. Sono stato mandato sulla Terra come contadino per aiutarlo a evolvere e riacquistare il contatto perduto di suo padre dall'arrivo di mio fratello Gesù. Voglio che la gente rifiuti l'attuale materialismo e abbracci la mia causa, che è giusta. Voglio che siano nel mio regno con mio padre, felici e soddisfatti. Per raggiungerlo, seguite i comandamenti, credete nel mio nome e nel Santo Nome del Signore. Benedizione e pace a tutti.

Posto verso la vita

La vita è una grande ruota panoramica piena di ostacoli e difficoltà. Tutto può essere reso più facile a seconda della tua postura mentale. Dobbiamo avere pensieri ottimisti e non rinunciare al primo ostacolo e al fallimento.

Essendo ottimisti, porteremo con noi altri pensieri positivi e generando quindi nuove prospettive perché l'uomo è questo: Egli è tutto quello che pensa e sente. Auguro a tutti voi, nel profondo del mio cuore, successo e pace nel vostro progetto.

Come essere l'uomo di Dio.

L'uomo era stato detto di lavorare e di occuparsi delle pecore di suo padre. Non c'è quindi bisogno di preoccuparsi del futuro, di cosa mangiare o bere perché i pagani lo stanno cercando. Vedi i gigli del campo? Non seminano e non piantano, eppure la loro bellezza è stupenda, più grande della bellezza di Salomone con tutta la saggezza e la ricchezza. Se Dio fa questo con una pianta, farà molto di più per voi, uomini di poca fede.

Dio si prendeva cura di ogni uomo e donna, prendendosi cura delle loro esigenze più fondamentali. Dobbiamo prima cercare il suo regno e il resto ci sarà dato come aggiunta, perché Allah è giusto e buono. Sia benedetto il padre per sempre, amen!

Mettiti a casa dell'altro.

Non giudicate e non verrete giudicati, è stato detto all'uomo. Ogni caso è una situazione e per coloro che sono all'esterno può sembrare meno complicato di quanto non lo sia veramente. Quindi non farti rimandare dalle apparenze.

Lasciate che ognuno si occupi dei propri problemi e che si muova senza guardare gli altri. Non puntare mai un dito o dire che faresti del tuo meglio. Sai solo come essere capace nella tua situazione, ed è spesso meglio tenerti fuori. Rispettate i vostri superiori in famiglia e oltre e contribuite in qualche modo a un paese migliore.

Il potere della preghiera

In questo mondo e nell'altro, l'uomo è spesso sottoposto a grandi pericoli per i nemici della sua salvezza. Cosa fare in queste ore critiche? Il potere dell'uomo è nel potere della preghiera in cui chiede protezione dalle forze superiori.

Non dimenticare mai di dire le tue preghiere quando ti svegli e quando dormi. La preghiera è un momento d'intimità tra la creatura e il creatore, non avere una formula pronta. Parlate della vostra vita, dei vostri problemi, chiedete ringraziamenti, ma ringraziate anche per oggi. Chiedi anche dei tuoi fratelli, amici o nemici, affinché Dio ti dia una buona direzione.

La mattina dovreste pregare così: Dio Padre, infinito ed eterno, vi ringrazio per l'opportunità di rimanere in vita ed esercitare i vostri comandamenti e i vostri doni. Chiedo che la mia giornata e quella dei miei fratelli siano pieni di conquisti e felicita'. Chiedo la vostra protezione dai nemici e dalla saggezza nelle decisioni. Chiedo pazienza e fiducia nei processi. Chiedo la tua illuminazione in tutte le mie azioni. Comunque, ti chiedo la tua benedizione, amen.

Di notte dovreste pregare così: Signore Dio, vi chiedo la protezione nella sua interezza. Proteggimi sulle strade e sui viaggi, dalle aggressioni, proteggimi dai nemici, che il mio sangue non viene versato, proteggimi dagli spiriti e dalle loro opere spirituali, proteggimi dalle entità infernali e dai poteri, dalle bestie spirituali, dai serpenti spirituali, che i cancelli dell'inferno non si avvicinano, non mi perseguitano e non prevalgono nella mia vita. Finalmente, per il tuo sangue e la tua croce, proteggimi da ogni categoria di malvagità.

Come entrare nel Regno di Dio.

Il mio benedetto padre e io ti chiamiamo in un regno delle delizie, un regno dove il latte e il miele scorrono. È aperto a tutti, ma ha dei requisiti da rispettare. Per entrare nel mio regno, l'uomo deve liberarsi del vecchio e rinascere. È necessario che l'uomo si sbarazzi del peccato in modo definitivo.

Siate come bambini, che credono fermamente nel mio nome senza ulteriori spiegazioni, liberarsi di stupide razionalità. Perché non tutto ha una spiegazione, e tu otterrai solo la completa felicità di fronte al totale rinnovamento e alla resa. Se davvero credete che "Io sono", allora il regno di Allah è già arrivato per voi. Tuttavia, se mi rifiuterete, rifiuterete chi mi ha mandato e di conseguenza il vostro futuro sarà compromesso. Comunque, continuerò ad amarti ed è per questo che ti ho dato libero arbitrio dall'inizio dei tempi. Fede e pace a tutti!

Tolleranza

Ammirate, porto il regno di Dio all'umanità. Tuttavia, non tutti sono pronti a farlo. Sto cercando uomini fedeli e donne di ogni categoria di taglio e questa categoria di atteggiamento mostra il mio cuore e quello di mio padre che si definisce tollerante. Quindi voglio che lo sia anche la mia fedele.

Nel regno di Dio non c'è spazio per i pregiudizi e per il giudizio. Sono tutti figli dello stesso padre e hanno gli stessi diritti. Chiunque desideri la grandezza, prima inchinati ai tuoi fratelli e sorelle, essendo il servo di tutti perché i più grandi del mio regno sono i piccoli. Ho anche una predilezione speciale per i più umili e generosi?

Inoltre, sono invitati a riflettere sui valori e a vedere quale categoria di azioni intraprendono. Ricorda che le tue decisioni sono quello che definiranno il tuo futuro speciale con tuo padre. Quindi pensa bene a cosa fare e vivere un mondo senza stereotipi.

Il ruolo dell'uomo

Sono Dio, re dei re e Signore dei Signori, ecco, ho creato l'uomo con lo scopo principale di occuparmi del pianeta sul quale vive e questo comprende la protezione e il coordinamento di tutti gli esseri subordinati.

Tuttavia, non permetterò maltrattamento e trascuro di ciò che mi appartiene. Ogni peccato si riferisce a questo è scritto nel mio libro e accusato a tempo debito, perché io sono Dio, l'Onnipotente. Darò gloria a coloro che meritano la gloria e punirò i miscredenti, mentre continuano a commettere gli stessi errori.

Come è stato detto, continuate a occuparvi del mio vigneto e a tempo debito ritornerò con il pagamento meritato per ognuno. Questo sarà il giorno del ladro, ed è un bene che siate preparati. In questo Giorno di Dio, i cuori si incontreranno.

Il tesoro dell'uomo

"Non raccogliete tesori nella terra dove rubano e falene mangiano; raccogliete tesori nel cielo dove saranno al sicuro. Vi dico, ovunque vi sia il vostro tesoro, vi sarà il vostro cuore".

Come raccogliere questo tesoro in paradiso? In primo luogo, seguite i comandamenti dei vecchi e nuovi patti che richiedono un comportamento serio e sobrio dall'uomo. Il più grande è amare Dio soprattutto, lei e il suo vicino. Come posso mostrare questo amore per mio fratello? In atteggiamenti e opere che ne traggono vantaggio quando ne ha più bisogno. Si è già detto che la carità, nelle sue varie forme, riscatta il peccato e ingrandisce l'anima. Rinforzo ancora che coloro che praticano la solidarietà sono un passo più evoluto degli altri e che hanno sicuramente un futuro glorioso, sia sulla terra che nel mondo spirituale.

Allora, fratelli, continuate ad aiutare il vostro vicino senza aspettarsi una punizione. Dio il Padre vede tutto e ti benedirà a tempo debito. Segui sempre questa catena di bene.

Essere più umano

L'uomo è il gruppo di due aspetti: una parte animale, la parte caporale, e una parte spirituale, l'anima. Dobbiamo sviluppare questi due in modo che siano interdipendenti con maggiore enfasi spirituali.

Dal lato spirituale, le buone vibrazioni e i buoni sono nati. Con la giusta preparazione, possiamo, attraverso la parte spirituale o umana, capire esattamente cosa Dio propone per le nostre vite e trasformarlo in atti concreti.

Al contrario, la parte animale ci porta a debolezza e peccato. Dobbiamo annullarlo in modo che ci serva solo per sopravvivere. Come disse Gesù: "Lo spirito è forte, ma la carne è debole".

Un modo per coltivare una sana spiritualità è quello d'impegnarsi in progetti sociali, se lettura, assistenza comunitaria, amici, gruppi religiosi, tra l'altro. Una buona interazione con gli altri fa maturare le nostre idee e ci dà una nuova prospettiva sulla vita.

La tua miseria

"Prendi il mio giudizio su di te e impara da me che sono umile e umile, e troverò riposo per le vostre anime".

Questa frase di Gesù Esempio chiaramente quanto devono essere i fedeli: umili e umili. Mantenendo il controllo e la calma, possiamo convincere la folla a riferire il nostro punto di vista evitando combattimenti o discussioni in un dialogo.

Non c'è niente di meglio in questo mondo che pace con gli altri e con te stesso. Questa sublime sensazione si ottiene solo con la chiara applicazione della raccomandazione di Gesù. Il contrario, la mancanza di controllo, è la causa di tragedie e violenze nel mondo. La violenza non deve essere accettata nel regno di Dio perché infrange la regola principale della buona coesistenza con i fratelli e viola il più grande significato della vita: l'amore. Se c'è una parola che può descrivere Dio, è questo.

Le basi di famiglia

La famiglia è la prima comunità alla quale partecipiamo e in quanto tali i suoi membri hanno diritti e doveri. I genitori hanno una grande responsabilità di formare i propri figli, di riempire le loro menti di concetti morali, in modo da avere una buona base per affrontare la vita. I bambini per quanto riguarda i loro figli devono rispettare l'autorità dei genitori, provare nei loro studi e quando i giovani o gli adulti continuano a vivere, sposarsi o entrare in vita religiosa. In entrambe le opzioni, i genitori devono essere aiutati, se necessario, soprattutto in età avanzata.

Avere una buona base familiare, i bambini non avranno problemi ad adattarsi alla società, alle sue regole e alle crescenti esigenze. I genitori saranno orgogliosi e porteranno gli insegnamenti ad altri, perpetuando questo ciclo di buono.

L'incentivo

L'incentivo è uno degli ingredienti principali del successo. Assicurati di sostenere i tuoi fratelli nei tuoi progetti anche se sembrano strani o impossibili. L'indifferenza dell'altro causa dolore e scoraggiamento.

Sono un esempio di quanto ho sempre affrontato: l'incomprensione degli altri. Confesso che non è stato facile gestire i miei impulsi, progetti e sogni, ma ho vinto. Ho vinto senza il supporto di nessun umano. Pertanto, incoraggiate sempre il vostro familiare o amico, poiché è di fondamentale importanza.

Grazie

Siamo tutti soggetti a dare e ricevere. Quando avete, l'opportunità non esita ad aiutare e quando vi serve non esitate a chiedere o cercare mezzi per uscire dal problema.

Fa parte dell'onore umano e del giusto atteggiamento di non dimenticare l'aiuto o il benefattore. Questa è la gratitudine e coloro che lo hanno mantengono uno dei comandamenti di Allah. Quindi siate felici di dare e ricevere.

Il lavoro di servire il pubblico.

Voi, che lavorate al servizio pubblico, avete una grande missione davanti a voi. Non dimenticate le virtù essenziali del partecipante: aiuto, efficienza, comprensione, attenzione, conoscenza e disponibilità. Fai il lavoro con dedizione trattando gli altri come vorresti essere trattato. Sii paziente con gli ignoranti e violenti. Non reagisca.

L'immagine dell'istituzione dipende dal prestatore, che deve essere conservata. A seconda della tua performance, probabilmente ti farai nuovi amici e vincerai clienti per tutta la vita. Considerate quindi il vostro lavoro d'importanza fondamentale per la salute finanziaria dell'impresa o dell'agenzia pubblica. Fai sempre il tuo lavoro con amore e cura e sii felice.

Sii te stesso

Nella quinta saga della serie, il veggente, denominato "sono", ha presentato una lezione memorabile riguarda gli aspetti di ogni carattere sperimentato nella vita quotidiana. Ciascuna di quelle tredici persone di cui dodici sono state invitate a essere i miei apostoli aveva problemi di personalità e non sono riuscite ad accettare o a vedersi. La morale della società ha prevalso nella loro vita. Cosa ci chiede la società odierna?

Essa richiede il rispetto di norme che riguardano soltanto materiale, status finanziario, potere, potere, discriminazione politica, razziale, etnica e sessuale. La società è divisa in gruppi e le maggioranze passano sopra alle minoranze. Per questi e per altri motivi, questi gruppi aggiungono sempre più persone sconcertate.

Come nel libro "I", ribadisco la mia posizione e l'opinione e non sono obbligato a concordare con la maggioranza. Dio che il Padre ha creato l'uomo con la libertà necessaria di prendere le sue decisioni e credo che la natura debba essere sacra. Anche se le regole sociali lo permettono, non esaminerò la mia etica e i miei valori per andare d'accordo. Preferisco essere il contrario della maggioranza che stare con una coscienza pesante.

Io sono me stesso e lo sarò sempre finché vivrò, non importa chi affronterò. Sono obbligato a rispettare le norme imposte dalla legge e a estendermi a tutti i cittadini. A parte questo, sono completamente libero in tutte le situazioni. Anche i fratelli.

Flirtare, uscire e matrimonio.

Occorre riempire una relazione per due di successo con alcuni ingredienti essenziali. Rispetto, dialogo, conoscenza, amicizia, amore, pazienza, tolleranza, comprensione e fedeltà sono i principali. Questo è ciò che rende una relazione di successo per due estremamente rari oggi.

La maggior parte delle persone sono individualiste, egoiste Esigentisi. Preferiscono non tornare indietro su una decisione piuttosto che perdere il loro orgoglio. Di conseguenza, spesso perdono l'opportunità di essere felici.

Flirtare e uscire dovrebbe essere il momento della conoscenza tra le due proiezioni di una relazione seria in futuro. La maggior parte delle relazioni finisce qui a causa di disaccordi o semplicemente perché uno dei due non vuole impegnarsi in una relazione. Quest'ultima voce è l'80% dei casi. Quello che si vede è un aumento della promiscuità e del sesso casuale che danneggia l'amore autonomo.

Nei casi in cui uscire o flirtare diventa matrimonio, una parte importante finisce per separarsi a causa di una mancanza di preparazione o di routine. Una cosa è che tu esca con ognuno di loro in casa. Un'altra cosa è stare fianco a fianco ogni giorno, al sole, pioggia, vestiti da lavare, cibo da fare e ancora dover sopportare a volte il cattivo umore dell'altro.

Il mio consiglio è che i partner si conoscano molto e testino l'amore perché è l'ultimo rifugio quando i problemi della coppia si stressano. Chi non si è ancora sposato non si scoraggia. Per ognuno di noi c'è un'anima gemella sulla terra. Congratulazioni alla coppia sposata per la loro decisione e prendersi cura dell'amore come se fosse una pianta che ha bisogno di cure quotidiane, per non appassire. Inoltre, l'amore è troppo buono e Dio augura a tutti la felicità.

Prenderti cura di te stesso

Dio ci ha creati dall'inizio per una vita piena di armonia e felicità. Tuttavia, poiché siamo in forma materiale, siamo soggetti a incidenti di ogni tipo e malattia.

Ciò che Dio ci vuole è che ci occupiamo dei nostri corpi, in modo che si evitino grandi problemi. Fai esami preventivi almeno una volta all'anno, proteggi con preservativi e vaccini contro malattie opportunistiche, facendo attenzione all'attraversamento delle strade o alla guida di un'auto. Non c'e' molta cura quando c'e' in gioco la tua vita.

La dignità

La dignità dell'uomo è un gioiello raro che deve essere portato ovunque vada. Come diventare degno di fronte a Dio? In primo luogo, cercare di avere un'occupazione qualunque cosa sia, perché i vagabondi non prosperano o sono felici. Competere con il maggior numero possibile di comandamenti del diritto di Dio, adempiere agli obblighi dei cittadini, rispettare la famiglia, voi stessi, gli altri e avere piena fiducia in Dio.

Questa gamma di elementi rende l'uomo capace di essere dignitoso e pronto per il futuro che lo aspetta. Con altre virtù, costruiscono un essere umano capace di comprendere il progetto divino e di ottenere successo.

La vita spirituale

La vita terrestre è una fase passante della nostra esistenza che converge ai regni spirituali. Molte meraviglie: come saremo? Di cosa consiste la vita spirituale? Spiegherò questi problemi.

La vita spirituale è la continuazione della vita terrena. Perdiamo il nostro corpo materiale e ne guadagniamo uno spirituale con le stesse funzioni. Nel nuovo regno che meritiamo, paradiso, inferno o città di uomini, svolgeremo specifiche funzioni spirituali: protezione, adorazione, servizi specifici della dimensione, interazione con altri spiriti tra altre attività.

Chiunque pensi che abbiamo cambiato qualcosa non va. Nel regno spirituale, saremo uguali a noi sulla terra, il cambiamento è solo di coerenza, dal materiale allo spirituale. Quindi, rendi la tua vita attuale il ponte per aumentare i voli più alti con tuo padre.

Il passato dell'uomo

Il tuo passato era buio e ti accusa? Ti senti in colpa e insistentemente nel ricordare i tuoi errori? Questo atteggiamento non è sano e non ti porterà da nessuna parte. Ricordate che siete già cambiati o state per cambiare e ciò che è successo non conta più. Ciò che conta è il presente in cui si può costruire un futuro diverso.

Ricordi quando Cristo perdonava il criminale sulla croce? Farà lo stesso per te se gridi pietà e deciderai di cambiare. Perché per il padre tutto è stato dimenticato, e crede nella sua dignità e nell'idoneità. Il padre ti conosce, sa che sei capace e che sei sempre disposto a capirti. Per noi, si è allungato sulla croce ed è morto. Non permettere che questo sacrificio sia invano.

Il tempo di Dio

"Per tutto ciò che c'è un tempo, per ogni occupazione sotto il cielo, c'è un tempo: un tempo per nascere e un tempo per morire, un tempo per sradicare ciò che è stato pianto; tempo per costruire, tempo per piangere e tempo per ridere; tempo per lanciare pietre e tempo per raccogliere le loro lacrime; tempo per cercare e tempo per perdere; tempo per cercare e tempo per gettare; tempo per gettare via; tempo per lacrimare e tempo per cucire; tempo per fare silenzio e tempo per parlare; tempo per amare e tempo per odiare; tempo per la guerra e il tempo per la pace. "

Questa frase esemplifica chiaramente che tutto accade a tempo debito e a ritmo. Pertanto, non ha senso lamentarsi o cercare disperatamente qualcosa, poiché non spetta a noi.

L'uomo pianifica, ma la risposta viene da Dio. Scrive i fatti per arrivare in linea storta. Spetta all'uomo lavorare concentrato sui suoi obiettivi e mettersi a disposizione del creatore perché come dicono "Fai la tua parte, ti aiuterò".

Inoltre, continuate la vostra vita senza preoccupazioni. Qualunque cosa accada, verrà se è scritto. Spetta anche all'uomo accettare la volontà divina in ogni circostanza, perché è sempre sovrano e saggio. Sia benedetto il nome di mio padre!

Il vero servitore di Dio.

Come disse Gesù, molti lo chiamano Signore e vivono nelle loro chiese predicando amore e pace. Tuttavia, la maggior parte non prende in pratica questa intenzione e continua a commettere gli stessi peccati: calunnia, invidia, orgoglio, pregiudizio, egoismo e altri difetti. Questi sono coloro che non hanno i loro nomi scritti nel Libro della Vita.

Il vero servitore di Allah è noto per la sua continua discrezione e generosità. Sono quelli che, quando vedono un mendicante per strada, si avvicinano e chiedono come sia o ancora rispondere alle sue richieste di aiuto. Il fedele servitore seguirà i comandamenti dei vecchi e nuovi patti e sarà noto nella comunità come esempi di buona condotta. Saranno i primi a essere resuscitati quando Gesù verrà e regnerà con lui per sempre, come riceviamo esattamente quello che ci meritiamo.

C'è ancora tempo per voi di fare la differenza e unirvi alla catena di bene. Fallo subito, non ritardare quello che si può fare oggi. Io e mio padre vi benediremo e vi copriremo con grazia per tutta la vita.

Professionisti sanitari

Tu, che lavori nei servizi sanitari che sono un medico, un infermiere, un assistente d'infermiera o assistente d'infermiera, pulizia o ricezione, tra le altre funzioni, io ordino a nome di mio padre. Abbiate la necessaria sensibilità per curare e aiutare le persone. Non la distinguono per il colore della pelle, i vestiti che indossa, il suo sesso o il potere finanziario. Trattare tutti ugualmente in base all'etica medica e se è a sua portata, non permettere l'omissione con cui molti sono trattati. Non incolpare il governo per le condizioni sanitarie scarse, perché il governo è fatto da persone e ne senta parte. Quindi, svolge il suo ruolo di funzionario pubblico o come dipendente privato.

Allah ha dato i doni frequenti a tre dei suoi servi, uno ha dato due talenti: a un terzo, quattro talenti. A un terzo, quattro talenti, mentre quelli che avevano quattro talenti erano stagnanti e seppellivano i suoi talenti. Coloro che avevano due e tre lavoravano nel campo di grano e nel campo di grano e ampliarono il raccolto del capo. Per questo motivo, Allah ha preso i quattro talenti dal pigro servitore e li ha dati agli altri perché chi non porta buoni frutti perde la grazia del padre.

L'intrigo

Vivi in pace con te stesso e con gli altri. Evita l'intrigo, come la fiamma che consuma l'anima. Cercate prima di tutto il dialogo e discutere e inutili intrighi. Se non si può evitare l'equivoco, si arrenda ad Allah e prega per l'avversario, poiché Egli è Colui Che ha bisogno di aiuto.

La sgualdrina

L'uomo deve lavorare per ottenere dignità. A prescindere dal lavoro, sentiti felice di svolgere un ruolo. Al contrario, i vagabondi mangiano da coloro che lavorano e sono un ostacolo alla società.

Non permetterti mai di stare fermo. Se non lavori, almeno studia e fai con calma. La mente ideale è un pericolo che è dove Satana lavora contro i figli di Dio. Pensaci.

L'evoluzione

La terra è una dimensione dell'espiazione e delle prove, dato che siamo spiriti inviati a imparare e insegnare insieme ai nostri colleghi. Tutto quello che viviamo qui ha un grande scopo.

Le nostre vite sono fatte di gioia e dolore ed entrambi insegnano molto. Nei momenti felici, condividiamo la vittoria con coloro che amiamo e momenti di dolore e fallimento ci portano sempre a riflettere sugli errori e sui successi. Credo che il fallimento sia la giusta catapulta per noi di farlo bene in futuro e di conseguenza ne trarremo maggiori insegnamenti.

Questa serie di fattori ci purifica gradualmente e ci dà più esperienza al punto in cui ci consideriamo evoluti. Arrivare al ponte che ci porta alla luce è l'obiettivo principale di questo pianeta, cioè la legge di ritorno da dove veniamo. Quando raggiungeremo questa grazia, vedremo che tutto è stato molto utile tra ostacoli ed esperienze. Tuttavia, niente è per caso. Se è arrivato al ponte, è stato perché ne era degno attraverso le sue scelte.

L'amicizia

L'amicizia è un gioiello raro, chiunque lo trovi ha un vero tesoro. Cerca di fare amicizia con persone divertenti, etiche, oneste, rispettose e a suo agio con la vita. Con la famiglia, saranno il vostro sostegno in tempi difficili.

Sii un vero amico. Cerca di parlare e di capire gli altri. Date consigli, ma rispettate l'individualità dell'altro, poiché ognuno è autonomo nelle proprie decisioni. Come una relazione, l'amicizia deve essere annacquata ogni giorno, in modo che resti e porti frutti.

Dio incoraggia l'amicizia tra gli umani, ma sottolinea che molti di loro si abbandonano a volte, quando ne abbiamo più bisogno. Se questo ti succede, rivolgiti a colui che è un padre amorevole e utile. In esso, potrai arrenderti tutta la tua fiducia.

Soffrire per amore

L'amore è il più sublime dei sentimenti, ma è anche il più terribile quando amiamo senza essere reciproci. In questa situazione, è meglio cercare di dimenticare. Questo compito non sarà facile se avrai frequenti contatti con il tuo caro, ma non arrenderti. Date tempo a disposizione, incontrare gente nuova, passeggiare, passare il tempo con Attività piacevoli.

La cosa più importante in tutto questo è valutare se stesso e se l'altra persona ti ha respinto, è perché non sei degno del tuo amore. Non insistere su qualcosa che non ha funzionato all'inizio, poiché porterà solo più sofferenza per entrambi.

Il giorno arriverà in cui non amerai più una certa persona, e poi sarai libero di decidere come andare avanti. Prova a ricominciare la tua vita amorosa, ma con cautela, perché nessuno è abbastanza importante da causarti più dolore e lacrime. Pensaci.

Un atteggiamento della vita

Io, come servo e figlio di Dio, il padre, seguo le mie regole per vivere con gli altri nella società. Coltiverò amore, rispetto, uguaglianza, beneficenza, comprensione, amicizia, essendo leale e sincera con tutti.

Nel trattare con l'altro, mi metterò al suo posto e non parlerò mai di parole offensive che potrebbero ferirlo. Se devo correggere, lo faccio in modo costruttivo.

Tuttavia, alla maggior parte non importa calpestare, ferire e sentirsi superiori agli altri. Sono stata vittima, innumerevoli volte, di questa distruzione del prossimo, e ho sofferto in silenzio perché non avrei mai combattuto la violenza con un'altra violenza. Può sembrare ingenuo, ma è cosi' che sono, e ne sono felice.

Fai come faccio io, fai la differenza e promuove sempre il bene e la pace.

I segni feriti

I segni di ferita sono i sequela che portiamo da tutti i dolori che la vita ha provocato. Molte sofferenze sono di tale entità che lasciano questi segni permanentemente. Come vivere con loro?

In primo luogo, deve esserci un atteggiamento riflessivo e positivo nei confronti della vita. Trovare qualcosa da imparare nella sofferenza e cercare di vivere la sua vita indipendentemente. Cercare ispirazione nei vari esempi di martiri che sapevano come incanalare il loro dolore a qualcosa di più grande e questo punto che voglio raggiungere, incanalare.

Se abbiamo un obiettivo e combattiamo per questo, tutto quello con cui viviamo è lasciato indietro. Non si tratta di dimenticare il problema, ma di vivere in modo tale da non farci del male. Fidarsi della vostra fede in qualcosa o in un Dio aiuta molto nella guarigione di questi segni.

Finalmente, non permettere che la sofferenza prenda completamente il tuo comportamento. Vai con la testa alta e spero sinceramente che tu sia felice.

Essere un'eterna apprendista

Alcuni mi chiedono: come si definisce? Rispondo: "Sono un apprendista eterno". È questa frase che porto con me ovunque vada. Anche se spesso svolgo il ruolo di un padrone, so pienamente che non so tutto e che la strada non è ancora pronta.

Cercare la sua etica e la sua fatica è ciò che l'uomo deve fare. Tuttavia, se vuole il successo, si deve sempre seguire la regola dell'umiltà e della semplicità.

Nei rapporti sociali, mai calunniare, giudicare o smentire altri, poiché non siamo perfetti. Come può un cieco guidare un altro cieco? Prima togli il raggio dall'occhio, cosi' puoi vedere meglio, e poi puoi dare consigli.

Con questi locali di base, l'umanità progredirebbe in tutti gli aspetti e si eviterebbe molti problemi. Sa sempre come capire la situazione.

Pubblicità

Attualmente, c'è un'esplosione di pubblicità visiva e grafica che utilizza tutti i mezzi disponibili. Quando il prodotto è buono o la causa è giusta, non hai problemi a voler pubblicizzare il tuo lavoro.

Il problema più importante è che vogliono imporre al consumatore, ai prodotti di origine dubbia, offrendo droghe illecite, scuse per il razzismo, la criminalità e la ribellione, affrontare questioni controverse senza giustificazione. In quanto consumatore, aborro queste situazioni e prendo le misure appropriate per la mia protezione, in quanto rispetto e qualità sono essenziali per un buon "marketing".

Faremo la nostra parte escludendo dalle nostre relazioni sociali le persone e le imprese che utilizzano il potere della comunicazione per disturbare e danneggiare gli altri. Conto su di te!

Pornografia e banalizzazione del sesso

Il mondo moderno come questo è in grado di distorsioni da ciò che vuole mio padre. I difetti più gravi sono il materialismo, la falsità, la concorrenza senza limiti, la mancanza di rispetto, l'intolleranza, la mancanza di morale, la pornografia e la banalizzazione del sesso.

Mi atterrò agli ultimi due di questo argomento. Con l'esplosione di mezzi virtuali, la domanda di sesso e pornografia occasionale è aumentata negli ultimi anni. Un chiaro esempio di questo è le chat in cui la maggior parte delle persone cerca un'avventura fugace. Il pericolo si aggira in vari modi: contatti con estranei, divulgazione di dati personali, bugie che feriscono il cuore umano, l'esposizione e lo scoraggiamento per trovare persone con un'anima così povera, tranne per rare eccezioni. Per questo motivo, le raccomandazioni sono le seguenti per coloro che hanno accesso a questi ambienti virtuali: non fidarsi di nessuno che non conoscete, non forniscano il nome completo, il numero di telefono, l'indirizzo personale e il lavoro. Status civile, email, ecc. Cerca di essere il più succinto possibile con gli estranei.

Io e mio padre vogliamo servitori puliti nel cuore e nell'anima. Non accettiamo perversioni sessuali come prostituzione, incesto, pedofilia, pornografia e sesso occasionale. Valuta il tuo corpo e rendilo un tempio dello Spirito Santo. Amati di più!

Il valore di un essere umano.

A mio parere e a quello di mio padre, tutti gli uomini sono uguali. Che tu sia ricca, povera, magra, grassa, di qualsiasi religione o fede, da qualsiasi paese, da qualsiasi razza o etnia, da qualsiasi opzione politica, ideologica e sessuale o qualsiasi altro gruppo, il mio regno è aperto a tutti. Vi chiedo solo di seguire le mie leggi eterna registrate nei comandamenti dei vecchi e nuovi patti.

Consegnando la tua vita e i tuoi problemi con fiducia al vero Dio, aprirai le porte per la tua azione e poi la tua vita sarà completamente trasformata. Sentirai il mio amore che è più grande di qualsiasi cosa tu possa immaginare o capire. Allora la felicità sarà una realtà nella tua vita.

Il ruolo sublime del padrone.

Tu, che sei un maestro nel tuo campo, non smetti mai d'insegnare. Diffondi sempre il tuo talento per lo sviluppo umano. Sa che il suo contributo è importante per tutti coloro che desiderano sapere. Sii sincera quando la sfida è maggiore della tua abilità e impara anche dagli altri. Ecco perché viviamo nella società, per aiutarci a vicenda.

Ricordate che coloro che insegnano qui, un giorno brilleranno come le stelle che perpetuano la loro luce e la loro bontà. Riceveranno la giusta ricompensa per i loro sforzi insieme agli apprendisti.

Grande nelle piccole cose

Ogni uomo è stato messo sulla Terra per uno scopo. Grandi o piccoli, assolvono compiti essenziali per l'ordinazione adeguata del pianeta. Quindi non giudicare il tuo lavoro inferiore, non importa quanto piccolo. La grandezza si mostra in piccole cose e chi è fedele in piccole cose, è anche mostrato in grandi. Quindi, tirati su e continua a perpetuare il bene in tutti i tuoi atteggiamenti.

L'orgoglio

Questo è un peccato responsabile per il più grande ostacolo nell'evoluzione dell'essere umano. Quando un uomo si lascia dominare dal suo orgoglio e dall'autosufficienza, non vede nulla di concreto che lo renda felice. Questa sensazione ti tiene bloccata nella tua sofferenza. Amico, verme umano, svegliati alla realtà. Non puoi fare niente senza il consenso del padre onnipotente, onnipresente e onnisciente. Tutto qui sulla terra è fugace, inclusa la tua vita. Lo capirai solo quando ti succederà qualcosa o qualcuno che ti sta a cuore. Vedrete quanto fragile l'essere umano è sempre soggetto a incidenti, malattie, violenza urbana e rurale, miseria, malinteso e mancanza di amore. Solo la grazia del padre può sostenere e salvarlo.

Riconoscete la vostra piccola, esercitate i comandamenti, fate del bene senza guardare chi e poi vi benedirò. In questo momento, l'orgoglio è stato superato dalla semplicità e dall'umiltà. Sono queste due virtù che devono sempre essere portate sul petto.

Lussuria

Fratelli, abbiate una sana sessualità. Se siete sposati, vivete in una relazione stabile o con qualcuno, abbiate fedeltà e lealtà come punto principale. Rispettate coloro che sono al vostro fianco e voi stessi, non avendo relazioni con altre persone. Single, la tua libertà è relativa. Vivere in modo sano e coinvolgersi solo con persone fidate. Sii prudente quando fare sesso per prevenire malattie sessualmente trasmissibili. La tua vita è unica e Dio vuole preservarla.

Non permettere a te stesso di praticare o di essere coinvolti con persone che praticano abominazioni sessuali, come Zoofilia, incesto, pedofilia e altre perversioni. Tuttavia, se qualcuno di questi viene a chiederle aiuto, non si rifiuti di collaborare.

In conclusione, facciamo un'attività sessuale sana senza compromettere il lato spirituale. Coltiva l'etica della bontà. Come ha detto un certo amico, agire in un modo che non faccia del male o che nessuno soffra.

Avidità

Tutto in questo mondo deve avere limiti e ragionevolezza. Lo stesso vale per il cibo e la bevanda. Non farti trasportare da egoismo, avidità e mangia solo ciò che è necessario per sopravvivere. Controllando il tuo istinto, avrai l'opportunità di prendere un sentiero più chiaro e più sicuro, relaziona ciò che Dio vuole il Padre. Usa la temperanza e sii felice con te stesso.

Avarizia

Avarizia è un peccato grave che porta il professionista a un mare di tristezza e solitudine. Valutare l'egoismo, una persona si allontana da Dio e lo scambiò per il valore dei beni materiali. Fratelli, riflettete e pensate! Tutti i beni materiali sono di debole corretemela Efemera. Non c'è motivo di adorarli.

Dobbiamo dare valore a ciò che conta davvero: Dio, primo, amore, famiglia e vicino. In tal modo, tutto sarà aggiunto e non ci sarà peccato.

Pensate sempre al bene dell'altro, rispettate i vostri obblighi, fate la carità e il peccato che commettete sulla terra possono essere perdonati e redimenti. Sii più umano, e poi puoi vedere la gloria di Dio.

Opinioni

La rabbia è una brutta sensazione che accompagni tutte le persone violente. Con odio irragionevole, queste persone possono attaccare fisicamente e verbalmente gli altri e uccidere.

Questa bestia indomito ha sempre tormentato l'umanità ed è stata la causa d'innumerevoli tragedie. Credo che questa categoria di reazione sia parte della natura umana, ma come qualsiasi altro orientamento possa essere modificato.

Sii guidato dall'esempio di Gesù, un uomo fedele, misero e umile, e lo faccia diversamente. Rispetta, amore e proteggi il tuo vicino come se fosse con i tuoi genitori o con Dio. In questo modo, la pace e la tranquillità regneranno sicuramente nella tua vita, ed è ora che capirete che l'odio o la violenza non ne vale la pena.

Vanità

La vanità è una dipendenza che colpisce molte persone. Pensando solo all'esterno, questi individui cercano di apparire impeccabili prima della società per provocare ammirazione e invidia.

Ma vi dico: occupatevi del vostro corpo, ma evitate di esagerare. La cosa più importante dell'uomo non è il suo esterno, ma concentrarsi sugli atti benefici che rendono l'interno più bello. Alla fine, non importa se sei magra, grassa, bella o brutta, ciò che conta è la tua anima eterna. Cercate quindi di mantenere i comandamenti dei vecchi e nuovi patti e dei temi connessi, e otterrete quello che state cercando.

Che pigrizia

Non essere sopraffatto dalla mancanza di motivazione o dalle incertezze della vita. Cerca sempre di alzare la testa e seguire perché la pigrizia è un peccato che se ti contamina, può condurti alla rovina.

La pigrizia porta alla miseria e alla mancanza di dignità stessa, nemmeno i tuoi parenti ti rispetteranno. Allora, mostrate quello che siete capace di fare: presentarvi disposto ad affrontare qualsiasi categoria di situazione e andare alla lotta ovunque vada la guerra. Con questo, provocherà l'ammirazione del prossimo, e non perderà la battaglia prima di aver provato. Buona fortuna a tutti!

Invidia

Ecco un verme silenzioso che si piazza nella maggior parte degli umani e provoca scompiglio. Prendendosi cura solo delle vite degli altri, la persona invidiosa cessa di camminare sulla sua strada ed è stagnante nel tempo e nello spazio.

Cerca di vivere la tua vita e cerca di raggiungere i tuoi obiettivi che Dio ti benedica a tempo debito. Tutti meritano il successo garantito e considerando che non si preoccupano degli altri. Fai la tua parte che andrà bene, perché sei anche figlio di Dio. Abbiate un atteggiamento positivo verso la vita.

Il gioco

Ci sono due forme di gioco da analizzare: il giocatore occasionale che rischia la fortuna una o l'altra e continua a seguire i suoi obblighi e il solito giocatore che non passa una settimana senza giocare. Questo tizio può fare di tutto per nutrire la sua dipendenza, incluso impegnare oggetti di valore personale.

Questo secondo tipo è il più pericoloso per l'essere umano che porta a degradazione della sua vita privata. Anche se a volte vinci, questo alimenta solo il tuo desiderio di scommettere e di solito arriva una successione di sconfitte che ti porta alla rovina. Uno dei miei apostoli di

"Io sono" era un giocatore professionista e, attraverso il trattamento di gruppo, ha finito per superare i suoi problemi, che è una rarità. Se siete un giocatore d'azzardo o conoscete qualcuno che lo è, non esitate a cercare aiuto specializzato, perché è piacevole a Dio per un essere umano senza dipendenze. Fallo diversamente e cambia la tua storia o quella dell'altra.

Droga

La droga è un'altra dipendenza che degrada la vita dell'essere umano. Legge o illecita, compromette il funzionamento dell'organismo nelle sue funzioni vitali. Non si faccia trasportare dalla moda e non si faccia cercare o si droghi. Sarai un essere umano più felice, più sano e più soddisfatto.

Chiunque usi o traffichi di droga è solitamente coinvolto nel crimine, come i bambini di strada che derubano e uccidono per comprare droga. Questo è sacrilegio per Dio! Questi ragazzi dovrebbero invece studiare o nei centri di recupero per i tossicodipendenti che è compito della società nel suo insieme mantenere.

Quindi, se hai qualcuno della famiglia drogato, non mollare. Insistete nel rimetterlo in ogni modo e se non potete farlo da soli, cercate aiuto. La vittoria sarà raggiunta e Dio il Padre vi benedirà.

Allah cerca il fedele servitore e lo riceva, dobbiamo essere liberi da ogni droga materiale e spirituale. Sii puro e libero. Sii felice.

Pontuale a casa

Nella mia casa, che è una residenza semplice e umile, seguo alcune regole fondamentali di coesistenza: uguaglianza tra familiari, rispetto, amore e comprensione. Riguarda altri, una cosa che non ammetto è la maledizione della vita degli altri e il contrario è comune in molte case in tutto il mondo. Ragazzi, pensateci. La vita dell'altra persona non riguarda noi, e dovremmo solo prenderci cura della nostra vita, che ha già i suoi problemi. Come ha detto Gesù, non giudicate e non sarete giudicati. Nello stesso modo che giudicherete, dovrete anche rendere conto dei vostri peccati. Con cosa pagheranno? Cosa offre l'uomo in cambio della sua anima? Bisogna riflettere su di se stessi, sulla famiglia, su Dio e sul vicino? Quindi, stai attento con la lingua feroce!

L'effetto serra e le sue cause.

L'effetto serra è un processo fisico che consiste nel caso in cui una parte delle radiazioni infrarosse emesse dalla superficie terrestre sia assorbita da alcuni gas presenti nell'atmosfera. Nei limiti, questo effetto è positivo, perché tiene il pianeta al caldo. Tuttavia, diversi fattori contribuiscono all'intensificazione di questo processo, generando il fenomeno noto come riscaldamento globale. Tra le principali, si tratta di bruciare combustibili fossili, l'uso indiscriminato di determinati fertilizzanti, deforestazione e rifiuti alimentari.

I combustibili fossili più noti sono carbone minerale, petrolio e gas naturale. Usati come combustibili, questi elementi producono circa ventuno miliardo di tonnellate di biossido, con la metà di questa produzione che raggiunge l'atmosfera. Questi numeri mostrano il rischio ecologico e ambientale che stiamo correndo quando li usiamo perché questo aggrava la questione ambientale e ci lascia alla mercé del crescente riscaldamento.

Per quanto riguarda i fertilizzanti, abbiamo due tipi che vengono utilizzati: biologici e inorganici. Il biologico è prodotto da prodotti naturali come humus, alghe e letame e contribuisce all'aumento della biodiversità del suolo e della sua produttività. Già inorganico è fatto con prodotti chimici e tra i suoi componenti sono azoto, zolfo, magnesio e potassio. Poiché ha un aumento di produttività maggiore, viene utilizzato in generale. Tuttavia, le principali conseguenze riguardano la qualità del suolo, l'inquinamento idrico e l'inquinamento atmosferico ora affrontati. In prova l'avidita' dell'uomo di produrre di più, guadagnare più soldi anche senza qualità, mettendo a rischio la vita di tutti.

La questione della deforestazione è ancora più complicata in Brasile e nel mondo. L'esplosione demografica e l'urbanizzazione, è sempre più comune convertire terreni da foreste chiuse a terreni per pascoli e agricoltura, oltre a foreste per la costruzione di mobili e uso generale, alla raccolta e al sostegno alle infrastrutture come la costruzione civile. Il rapporto con il problema di peggiorare il riscaldamento globale è il fatto che, quando una foresta viene abbattuta e bruciata, il carbonio viene rilasciato, che contribuisce all'effetto serra. Poiché questo fatto è inevitabile e diventa più costante, il problema tende a peggiorare. Questi fattori sono già stati ampiamente discussi dai ricercatori e dagli studenti in generale. Un certo punto di sviluppo sostenibile per fermare questo processo. A mio avviso, è una buona alternativa ed è possibile, ma in contraddizione vi è l'aggravarsi della crescita industriale, demografica e commerciale che ci fa vivere il dilemma dell'uomo civilizzato contrario allo sviluppo.

Un altro problema importante è quello dello spreco di cibo che ha già raggiunto un notevole 1,3 miliardi di tonnellate secondo la FAO. Tale importo genera 3,3 miliardi di tonnellate di gas che influiscono sull'effetto serra, oltre a una spesa idrica equivalente al flusso annuale del fiume Volga in Russia. Considerato questo scenario, ciò che si può fare come misure correttive è: la priorità nella riduzione del consumo alimentare, l'equilibrio della legislazione dell'offerta e della domanda; il riutilizzo degli alimenti in modo che non sia sprecato e che si ponga l'accento sul riciclaggio.

Detto questo, vediamo che esistono molti problemi gravi che rendono ancora una questione da superare l'effetto serra. Tuttavia, c'è un possibile percorso da seguire. Ognuno deve fare la sua parte e chiedere una controparte dai governi. Come fare la tua parte? L'utilizzo di materiali rinnovabili, il risparmio di acqua, l'energia, non sprecare cibo, il riciclaggio dei rifiuti, l'acquisto di prodotti da imprese con un sigillo di qualità nella gestione ambientale dimostra un impegno per la causa ambientale con l'attenzione sullo sviluppo sostenibile. Renderemo il nostro pianeta un posto più piacevole in cui vivere e che durerà per molte, molte generazioni. Questo è ciò che Dio si aspetta dagli esseri umani.

Traffico di animali e piante.

C'è una crescente domanda di tratta di animali selvatici e piante, un'attività che mette a rischio la biodiversità delle nostre foreste. Le motivazioni sono molte, che vanno dall'uso di una parte di animali e piante nei prodotti commerciali all'uso di animali come animali da compagnia e all'uso di collettori e zoo. Si tratta di un mercato in cui si stima che si sposti circa venti miliardi di dollari.

Ancora una volta, l'intera domanda riguarda i soldi e l'uomo con la sua avidità aggravata non si preoccupa di sradicare e causare sofferenze in questi piccoli esseri. Di fronte a un governo che spesso è debole, noi, come cittadini, dobbiamo denunciare comportamenti sospetti e non condannare questa aggressione al nostro patrimonio naturale. Noi contribuiremo a un paese più equo e più dignitoso. Salva la natura.

Movimenti senza terra, senza cibo, senza senzatetto, ecc.

Questi gruppi di persone cercano attraverso un'associazione per aderire alla lotta, rivendicando i loro diritti. Questo atteggiamento è lodevole, poiché tutti dovrebbero avere pari opportunità per lo sviluppo. Esso è scritto nella Costituzione brasiliana nel sesto articolo: Istruzione, salute, alimentazione, lavoro, alloggio, tempo libero, sicurezza sociale ufficiale, protezione della maternità, infanzia e assistenza ai destinatari sono diritti sociali.

Ciò che non si può ammettere è che questi gruppi danneggiano la vita di altri in proteste perché il nostro diritto finisce quando iniziano gli altri. Se vuoi protestare, hai tutto ora di farlo in modo pacifico, in modo che non faccia del male a nessuno. Mettersi nelle scarpe degli altri è benefica e piacevole a Dio.

Capitalismo

Il capitalismo è un sistema economico predominante nella regione occidentale del mondo dove i processi di produzione sono concentrati principalmente nelle mani del settore privato. Le altre caratteristiche sono il lavoro salariale, la creazione di prodotti per profitto e prezzi competitivi. Pur incoraggiando la crescita economica, il capitalismo genera concentrazione di reddito e di conseguenza la stratificazione e la miseria sociale.

Come consulente di mio padre, constato che deve esserci un maggiore apprezzamento del lavoratore con un ampliamento dei suoi diritti e un maggiore rispetto per i datori di lavoro. Il processo di produzione è una strada a tre direzioni in cui le materie prime, i lavoratori e il capitale finanziario devono sempre andare insieme. Quando si ottiene il successo, appartiene a tutti. Inoltre, non c'è motivo per Dio d'interferire nei sistemi di produzione umana a causa della libera volontà.

Chirurgia plastica dovuta alla vanità

Alcune persone cercano solo di essere più carine di fare un'incessante chirurgia plastica. Tuttavia, molte volte, il suo interno rimane brutto e sporco. I miei fratelli capiscono che l'esterno non è rilevante, che invecchierai e la tua bellezza passerà'. Cerca di prenderti cura della tua anima, tanto per lavorare, aiutando gli altri in azioni e parole. Sono le sue opere che definiranno il suo futuro eterno e se sarà buono, tu riuscirai a raggiungere la vera felicità.

Non è vietato prendersi cura del corpo o eseguire procedure chirurgiche dovute alla salute e al benessere, ma effettuare un intervento solo per vanità è una grande perdita di tempo.

Aborto

L'aborto è l'eliminazione intenzionalmente di un feto da un utero umano e secondo la legislazione brasiliana, è classificato come reato contro la vita con una previsione di detenzione che va da uno a dieci anni a seconda del caso. Un argomento molto controverso, è stato discusso costantemente nei casi più alti dei tribunali. Per legge, è squalificato come reato in tre situazioni: quando esiste il rischio di vita per la donna in gravidanza, quando la gravidanza si verifica a causa di uno stupro.

Secondo il cielo, la vita è sacra indipendentemente dalla situazione. Quindi, se è possibile per il bambino e la madre sopravvivere insieme, allora deve essere accettato da colui che l'ha generata. Allah disapprova il comportamento dell'aborto in generale e di coloro che hanno figli e semplicemente lo scaricano. Se fossero abbastanza responsabili da avere una relazione sessuale, devono essere responsabili anche dell'essere generato, che è una persona innocente che ha bisogno di protezione e amore.

Al contrario della storia, la prassi dei contraccettivi e dei preservativi che proteggono i partner in una relazione non può essere considerata peccato come sottolineano alcune Chiesa. La famiglia e la loro educazione sono responsabili della coppia, e solo loro hanno il compito di scoprire quanti bambini possono crescere. Essi contribuiscono quindi a evitare una sovrappopolazione che costituirebbe un fattore importante in una grave crisi sulla Terra. Per quanto riguarda il preservativo, oltre al fattore, la nascita è un importante alleato nella prevenzione delle malattie sessualmente trasmissibili.

Pedofilia

È un disturbo della preferenza sessuale per i bambini (maschi o femmine) o all'inizio della pubertà. È un atteggiamento molto disapprovato da mio padre, poiché devono essere rispettati e conservati nella loro innocenza.

I pedofili sono persone malate che dovrebbero cercare un trattamento. È inutile voler giudicarli o condannarli, ma cercare aiuto nel loro processo di guarigione. Anche se difficile, la ripresa è del tutto possibile. Ho scelto un pedofilo per essere il mio apostolo nel quinto libro della serie "Il Cercatore" intitolato "Io sono". L'obiettivo era dimostrare che tutti meritano una seconda possibilità e non dovrebbero essere pregiudicati soprattutto nel caso della pedofilia, perché è una malattia.

Zoofilia

Si tratta di un disturbo sessuale definito dall'attrazione o dal coinvolgimento sessuale dell'uomo con animali di un'altra specie. È anche un atteggiamento molto disapprovato da mio padre.

L'uomo è stato fatto per collegare affettuosamente a un altro paio della stessa specie e non deve cercare un animale che si soddisfa. Si tratta di una grave cattiva condotta, classificata come malattia e, in quanto tale, richiede un trattamento. Come il pedofilo, ha la possibilità di riprendersi e per questo ha bisogno di tutto il sostegno della sua famiglia e degli amici.

Incesto

È una pratica sessuale con i familiari o con i parenti stretti. È un'altra pratica sessuale proibitiva per mio padre. Le relazioni familiari dovrebbero riguardare solo la compagnia e il sostegno reciproco senza coinvolgere la sessualità.

L'uomo o la donna dovrebbero cercare un partner fuori dal loro contesto familiare, poiché il sangue non può mischiarsi con il loro sangue. Questa è una legge eterna che va seguita e questo fa parte dell'etica.

Prostituzione

Fratelli, il vostro corpo è un tempio dello Spirito Santo, quindi dobbiamo fare attenzione a mantenerlo puro e pulito. Chiunque prostituisca se stesso perde il rispetto della società e di se stesso. Così diventa chiunque.

Dobbiamo valorizzare noi stessi facendo bene. Mai accettare la perversione per il denaro, perché questa è blasfemia contro Dio. La tua anima è la cosa più importante che devi preservare.

L'esempio di Gesù di non condannare Maria dimostra che il passato non conta più. È possibile cambiare e pentirsi dei vostri peccati. Se sei in prostituzione, cambia atteggiamento e diventa figlio di Dio.

Adulterio

L'adulterio ha un partner, un coniuge e relativo ad altre persone. L'atteggiamento disapprovato da Allah porta l'essere umano a una pericolosa e conflittuale "notte dell'anima".

È meglio non sposarsi o assumersi un impegno che essere nella comunione e barare contemporaneamente. Questa categoria di atteggiamento distrugge la fiducia che è la più importante che la coppia possa avere l'uno con l'altro. Spetta ai traditi valutare le possibilità e decidere cosa influirebbe sulla sua felicità.

Oltre a un peccato coniugale, è un peccato contro Allah e contro la famiglia. l'adulterio deve rimpiangere e fidarsi della divina misericordia, perché la sua situazione è molto complicata. Tuttavia, il cambiamento è sempre possibile e tutti meritano opportunità di riconciliazione.

Orientazioni sessuali

L'orientamento sessuale di una persona può variare tra eterosessualità, bisessualità, omosessualità. Si ritiene che ciò sia dovuto a fattori genetici e quindi non vi è possibilità di scelta.

L'uomo è ciò che nasce e deve assumere ed essere rispettato per questo. Non importa la sessualità dell'uomo, ma il suo personaggio. La convinzione che Dio aborra l'omosessualità è infondata. Quello che è scritto in alcuni libri non è uscito da Dio perché lo conosce perché è mio padre. Tutti i pregiudizi sono solo di origine umana. Mio padre cerca servi fedeli in tutte le nazioni e richiede solo un impegno per le loro cause. Quindi, abbi più fede, fratelli e vivi la tua sessualità in modo sano. Non trattenerti perché non sarai condannato per questo.

Osservate, ci sarà un momento nel futuro, dove gli umani si ameranno liberamente. Avremo coppie di omosessuali, eterosessuali, asessuali, bisessuali e pansessuali che vivono in armonia. In questo giorno, che sarà il Giorno di Allah, la tolleranza e l'amore supereranno sicuramente i pregiudizi.

Ricerca scientifica con umani e animali.

La ricerca scientifica che coinvolge gli esseri umani e gli animali deve seguire un'etica logica che rispetti i diritti della persona esaminata. Esperimenti correlati con l'uomo, vi è una serie di orientamenti (orientamenti etici internazionali per la ricerca che coinvolge gli esseri umani) da seguire e che il principale è il consenso del soggetto o il rappresentante legale che autorizza la ricerca. Ciò con una spiegazione ampia dei rischi che corre. Una volta completati questi passi, non c'è nulla da temere di essere sostenuti dalla libera volontà di entrambe.

Riguarda l'esperimento con gli animali, si dovrebbe cercare di evitare la sofferenza il più possibile e di fornire alimenti e strutture adeguate, poiché il loro utilizzo in progetti è spesso indispensabile nella ricerca di trattamenti alternativi e cure per varie malattie. L'uomo è il centro della creazione e l'uso di animali per aiutarlo non si dimostra contrario alle leggi divine, poiché tutto gli è stato dato da suo padre.

L'uso di cellule staminali, l'uso d'inseminazione artificiale e di fertilizzazione in vitro.

L'uso di cellule staminali è un moderno metodo di medicina per trattare vari problemi e malattie dell'uomo. Tuttavia, il suo uso è stato oggetto di molte controversie e discussioni da parte di politici, religiosi, di mettere in pratica le persone, in breve, tutti i settori della società.

La mia posizione è questa: quando la cellula staminale viene rimossa dal corpo del paziente e lo aiuterà a curare la sua salute dandogli sollievo e la prospettiva di sopravvivenza, perché non usarla? Lasciamo da parte i pregiudizi e vediamo che questo metodo ha davvero il suo valore nel trattamento del cancro, della malattia di Alzheimer, della malattia cardiaca, del morbo di Parkinson, del trauma spinale, dell'infarto, delle ustioni, del diabete, dell'osteoartrite, tra gli altri. Ciò che non sono d'accordo è la generazione di embrioni a questo scopo e la clonazione. L'essere umano è già immerso nel campo della creazione, che rappresenta un grande pericolo.

In relazione all'inseminazione artificiale e alla fertilizzazione in vitro, il suo impiego fornisce a diverse coppie infertili precedentemente infertili di avere figli. L'obiettivo è nobile e anche se i metodi non sono giustificati, possiamo dire che sono accettabili. Questo aspetto è negativo con il lato religioso, ma come rappresentante di Dio posso dire che non vi è alcuna condanna per questo.

Sanità pubblica attuale

Viviamo in una situazione molto complicata nella sanità pubblica. Mancano risorse e ciò che abbiamo è scarsamente applicato, generando conseguenze immediate per la popolazione con un potere d'acquisto inferiore. E' comune la mancanza di medici in generale, di medicinali e materiali di base, sovraffollamento d'ICU (unità di cura intensiva), trascurare la cura, causando molti morti.

Con ogni nuova elezione, vengono promesse di miglioramento, ma tradizionalmente i problemi restano e peggiorano. Cosa fare? Oltre al potere di scelta nel suffragio universale, possiamo chiedere i nostri diritti di cittadinanza lavorando in gruppi comunitari che controllano il governo e persino vanno in tribunale. Adempiamo ai nostri obblighi pagando varie tasse e commissioni. Pertanto, abbiamo diritto a una salute almeno decente. Renderemo il Brasile un paese, leader e rappresentanti della società migliore.

Istruzione pubblica

Questo è un altro settore in cui il Brasile deve migliorare in ogni modo. I principali aspetti della riforma sono: una maggiore ripartizione delle risorse da parte del governo, una maggiore vigilanza nell'applicazione di tali risorse, un programma di qualificazione degli insegnanti, un miglioramento degli stipendi dei professionisti, un materiale didattico più adeguato e più assortito, attrezzature di base per infrastrutture, sicurezza, investimenti nella scienza e nella tecnologia, tra l'altro.

Se tutto si adegua alla lettera, avremo un'istruzione da accettare a bene. Con lo sviluppo scientifico, tecnologico, economico e la conseguente generazione di posti di lavoro, il nostro paese ha tutte le possibilità di esprimersi in tutto il mondo, perché abbiamo materiale umano per questo. Il brasiliano è la più grande ricchezza della nazione.

Corruzione

Ho un messaggio da mio padre ai direttori in generale. Lei ha affidato il controllo, il coordinamento e l'efficacia dei progetti per il benessere comune. Se vi ribellate e agite per il vostro bene, state sicuramente tracciando un sentiero che finirà con la villa dei morti. Lì, ci saranno pianti e morsi di denti per pagare il debito per il peccato.

Ricorda che non porterai nulla da questo mondo al mondo spirituale, tranne le tue opere. Pertanto, fate uno sforzo per mantenere la trasparenza, la rettitudine e l'onestà con la questione pubblica, che è il vostro dovere di rappresentante del popolo. Fai la differenza trasformando la vita dei piccoli in meglio attraverso le tue azioni e ti benedirò e ti darò molti anni di vita.

Sicurezza

Il mondo contemporaneo rivela un mondo d'incertezza per i cittadini in quasi tutto il mondo. La violenza è ovunque, a tormentare il buon cittadino e mi sembra che gli sforzi pubblici in questo settore non abbiano molto effetto. Aggressione, frode, frode, frode, aggressione fisica e verbale sono diventate così comuni che le vittime non si preoccupano nemmeno di sporgere denuncia. Cosa fare di fronte a una realtà così catastrofica?

Innanzi tutto, è necessario riformulare il codice penale, molto ampio, con sanzioni più severe per le situazioni necessarie, inibendo così la pratica della criminalità. Inoltre, è necessario reinserire il prigioniero nella società quando è possibile attraverso politiche e programmi pubblici gravi. La maggior parte dei casi, pregiudizi e rifiuti regnano con prigionieri appena rilasciati. Altre misure importanti sono: riduzione della disuguaglianza economica e sociale, valorizzazione dei funzionari pubblici legati a questo settore e maggiore chiarezza della popolazione rispetto alle loro misure preventive.

La pace e la tranquillità sono possibili un giorno se si verifica un grande sforzo congiunto da parte della società e del governo. Coloro che si sono dichiarati colpevoli, gli daremo una seconda possibilità, ribadendoli nella società e, se lo ripetono, agiremo con fermezza nella legge, perché non c'è posto nella comunità o nel regno di Dio per coloro che cercano l'unico scopo di danneggiare gli altri. Dio cerca il bene e il bene.

Sciopero

Lo sciopero è un diritto garantito dalla legge a tutte le categorie di lavoratori che cercano condizioni di lavoro più eque. In termini giuridici, che garantisce l'esecuzione del servizio nel trenta per cento (essenziale), il lavoratore ha tutto il diritto di parlare e chiedere miglioramenti.

Si tratta di un grande strumento di negoziato tra scioperi e datori di lavoro e spesso realizza importanti progressi per il servizio pubblico e la qualità della vita del server in generale. Pertanto, ogni sciopero è valido ed essenziale nella lotta per i diritti.

Vivi il presente

Goditi ogni momento importante della tua vita. Vivere il presente in modo tale che non esiste futuro. Sono i rari momenti di felicità che rendono la vita degna di essere vissuta.

Non preoccuparti del tuo passato o di quello che succederà. Cerca di fare del bene oggi, così ti senti soddisfatto. Continua con la tua vita sempre con ottimismo, perseveranza e fede.

Il suicidio

Cercare di distruggere la tua vita è un peccato grave contro Dio. Dobbiamo continuare con la nostra missione indipendentemente dai risultati e dalle conseguenze, poiché questo è un vincitore. Arrendersi non è la soluzione migliore per nessuno.

Le persone che cercano di porre fine alla propria vita spesso sono in una profonda depressione che va affrontata. Con il consiglio dei professionisti e l'aiuto degli amici è possibile invertire la situazione e la persona tornerà alla vita normale. Vivere sulla terra è un dono di Allah e non può, in nessun caso, essere sprecato.

Depressione

La depressione è un problema che affligge sempre più persone. Considerata una malattia moderna, causa la perdita del cuore, spesso generando gravi conseguenze. Di solito viene innescato per qualche motivo: una delusione d'amore, una frustrazione professionale, una grave perdita, un tradimento, tra gli altri.

Il trattamento per la depressione varia dal azione supplementare con uno psicologo all' amministrazione farmaceutica a seconda del caso. In casi più lievi, andrà bene una conversazione. Se si manifesta qualsiasi sintomo di scoraggiamento persistente, non esiti a cercare l' aiuto di un professionista. Prima è meglio è. Abbi cura di te e sii felice.

Traffico di droga

Questa attività consiste nella commercializzazione di sostanze considerate illegali dai governi. In generale, la tratta è legata alla criminalità e alla sovversione. Si stima che questo commercio si sposti in misura superiore a quello della spesa per gli alimenti.

A mio parere e a quello di mio padre, l'essere umano non ha bisogno di ricorrere a qualsiasi categoria di droghe per sentirsi felice, più coraggiosa o soddisfatta. La felicità deriva da risultati personali e non è un effetto fisico. Pertanto, i farmaci dovrebbero essere evitati e i mezzi di repressione efficienti dovrebbero essere messi alla loro commercializzazione per evitare il loro consumo. Per un mondo senza droghe e violenza, amen!

Traffico di persone

È il commercio di esseri umani reclutati principalmente a fini sessuali, travaglio forzato e raccolta di organi. Trasferire decine di miliardi di dollari, un anno, è una delle attività criminali in crescita più rapida.

Poiché si tratta di una violazione dei diritti umani, essa viene costantemente condannata dalle convenzioni internazionali e da mio padre. Chiunque pratica questo crimine si trova in una situazione complicata in termini spirituali e civili.

Ciò che deve essere fatto in questi casi è un lavoro preventivo e repressivo che rende difficile l'azione dei criminali. La prevenzione si riferisce all'essere cauti nelle proposte di estranei, principalmente per quanto riguarda posti di lavoro redditizi all'estero e repressivi, in termini di non aver paura di denunciare casi sospetti. Oltre a rendere consapevole la gente di non cercare i servizi offerti da questi vandali. Se non si interessa, la domanda di traffico sarà molto più bassa.

Insieme possiamo combattere questo male della società, che è un affronto a una cosiddetta società organizzata. Ogni essere umano è libero di fare le sue scelte e avere lavoro e dignità. Pertanto, condanno il traffico di esseri umani.

Avidità

Cerca di prenderti cura della tua vita e non vuoi per te stesso ciò che appartiene all'altra. Ognuno ha solo quello che merita e attende pazientemente, quando arriverà il suo turno e potrà godersi i frutti del suo lavoro.

Non c'è una formula magica per il successo. Devi avere concentrazione, dedizione, buona pianificazione, competenza, perseveranza, pazienza e fede. Gli ostacoli che vengono lungo la strada servono a rafforzarci e a renderci idonei a vincere grandi. Dio vuole il bene di tutti e benedirà i suoi sforzi a tempo debito.

La missione

"Ammirate, vi mando fuori come pecore tra lupi. Quindi siate prudenti come serpenti e semplici come colombe. Stai attento agli uomini.

Questo messaggio di Gesù rivolto agli apostoli mostra consigli fondamentali per tutti i cristiani e si estende ad altri tagli: la grande maggioranza del mondo è composta da malvagità e ribellione e di conseguenza, dobbiamo stare attenti alle nostre azioni e alle nostre parole. Non si tratta di codardia e di misure precauzionali, in modo da poter avere una coesistenza sostenibile e sana con gruppi con interessi diversi dai nostri.

Il rispetto e la tolleranza sono fondamentali anche per mantenere la pace e l'armonia. Diventiamo come Gesù, semplice e umile nel cuore e attraverso gli elementi giusti potremo conquistare il mondo con il nostro esempio. Sarà un grande successo, come molti e i tagli preferiscono conquistare gli obiettivi attraverso la forza, e ciò solo aumenta, insicurezza e violenza. Facciamo le cose in modo diverso e siamo veri messaggeri del figlio di Dio.

Riconosci un peccatore

Tutti gli esseri umani sono imperfetti, non c'è nemmeno un perfetto. Pertanto, riconosciamo i nostri difetti, aggrappati alle forze del cielo e mettiamo su un uomo nuovo. Trasformati dal potere della luce, saremo in grado di vincere la battaglia contro la nostra Oscurità.

Non abbiate orgoglio, vanità, rabbia, invidia o sentimento di autosufficienza, poiché siamo deboli e dipendenti dalla grazia del padre. È proprio in debolezza che si producono forza e prova del mio infinito amore e dei miei padri per l'umanità'. Considerando che, fratelli fedeli, vali molto!

Le dimensioni spirituali

La maggior parte delle persone nutre ancora dubbi sull'aldilà e sulle dimensioni spirituali. Paradiso, inferno, città di uomini e purgatorio sono coscienze di anime. Questo perché questi piani non riguardano i luoghi fisici, ma gli stati spirituali.

Perciò, in carne o in spirito, l'uomo vive con la sua realtà secondo la sua evoluzione. Le dimensioni sono in noi. Considerando questo, oggi facciamo la nostra strada verso la bontà e approfittiamo del cielo proprio qui sulla terra.

I disabili

Le persone disabili sono persone speciali amate dal padre che deve essere trattata con amore e rispetto per tutti. A seconda del problema che hanno, sono perfettamente in grado di lavorare, uscire, fare una passeggiata e avere una vita normale.

Essere disabili non è un peccato per nessuno. La vergogna è crudeltà, criminalità, falsità e malizia in generale. È importante notare che la maggior parte delle carenze sono genetiche e mio padre non può essere ritenuto responsabile di questo. È più comune attribuire la natura a una maggiore giustizia.

Ai disabili, vivi la tua vita con pace e gioia, sii servitore di Dio e la tua disabilità non ti lascia con meno meriti. Lo rendono speciale. Sono i tuoi atteggiamenti e le tue opere che definiranno il tuo destino.

Il valore della cultura

La cultura brasiliana è diversa e composta da diversi aspetti che sono stati responsabili della formazione della nostra popolazione: nero, indiano e bianco. Abbiamo quindi un'immensa ricchezza da condividere con il mondo.

Valore e incoraggiare la cultura nella sua interezza. Datti questo tempo libero come regalo: vai al cinema, al cinema, al circo, allo stadio, leggi un libro nella tranquillità della tua casa. Sarà sicuramente di grande valore per la tua vita, poiché acquisire saggezza è fondamentale.

Non aver paura

Sei un figlio di Dio e molto amato dal padre. Sentiti felice per il dono della vita. Anche se le sfide e i problemi sono enormi, affrontatele con coraggio, perseveranza e fede. È del tutto possibile vincere. Non arrenderti e non aver paura di correre rischi.

Il padre e la madre come asce di famiglia.

Il padre e la madre devono essere il principale della casa negli aspetti finanziari, emotivi, spirituali e morali. In cambio, i bambini devono essere obbedienti e amanti. È uno scambio reciproco tra di loro che avrà luogo fino alla fine della vita.

In età avanzata, la protezione e la cura dei bambini sono essenziali per riposare in pace gli anziani. È più che solo perché quando eravamo giovani, ci hanno curato loro. Quindi ricordatelo e non essere ingrato con i tuoi genitori.

Razionabilità e proporzionalità

La ragionevolezza e la proporzionalità devono essere considerate in tutte le sue attività sul territorio. Usandoli, l'essere umano risparmia inutili sforzi e tiene la concentrazione sugli elementi essenziali.

Anche l'efficacia, la giustizia, la buona analisi, la pazienza e la fedeltà sono importanti, poiché questi creano una personalità adeguata, guerriera e vincente. Buona fortuna a tutti i tuoi sforzi.

Malgrado l'egoismo

Qualsiasi cosa tu debba fare, rendilo felice per l'altro. Evitare l'egoismo, una delle grandi virtù che Allah apprezza prospera nell'anima:

Magnanimità. Questo è il senso della vita: servire gli altri e l'universo senza aspettarsi una controparte.

Senza nemmeno rendersene conto, i vostri progetti e sogni si avvereranno perché Dio vi benedica. Nel futuro regno, avrai un posto speciale con mio padre e me e non ti succederà nulla durante il tuo soggiorno sulla Terra. Dobbiamo cambiare lo stereotipo di disumanità e indifferenza che si manifesta nelle persone, essendo un apostolo perfetto del Cristo Risorto. Tuttavia, per farlo, dovete essere consapevoli del vostro generoso ruolo nella vita di tutti quelli che vi circondano. Considerando questo, non esitare. Fai sempre bene con il distacco.

In vittoria e fallimento

Goditi ogni momento della tua vita. Rendi i brevi momenti il più importanti possibile perché il tempo è fugace. Nessuno prenderà nulla da questa terra tranne le sue opere e la felicità che ha goduto.

Ricordate sempre: nella vittoria o nel fallimento, restate forte e forte nello spirito. Il tuo successo e la tua felicita' dipendono dalla tua forza. Mai screditare l'infinito potere e l'amore di tuo padre che è in paradiso. Fai uscire questo titolo di "Figlio di Dio" piantando semi buoni e diffondendo gioia e conforto ovunque tu vada.

Sii vera luce

"Stavo camminando in un luogo deserto soffocato da intense ombre che mi stavano inseguendo: mentre facevo una buona azione, la mia luce interiore divenne più forte e gradualmente allontanava l'oscurità: alla fine del percorso, scomparirono completamente".

Questa frase elegante contiene il significato di essere cristiana. Siamo pecore tra lupi che vogliono consumarci. Per affrontarli, dobbiamo continuare con le nostre buone azioni in modo che il male non ci colpisca più. Più lotti, più risultati raccoglierai secondo la massima punizione.

Fine